Ginkgo et la jardinière
est le cent trente-sixième ouvrage
publié chez
Dramaturges Éditeurs

Dramaturges Éditeurs
4401, rue Parthenais
Montréal (Québec) H2H 2G6
Téléphone : 514 527-7226
Télécopieur : 514 527-0174
Courriel : info@dramaturges.qc.ca
Site internet : www.dramaturges.qc.ca

Dramaturges Éditeurs choisit de respecter l'auteure
dans sa façon de transcrire l'oralité.

Mise en pages et maquette de la couverture : Yvan Bienvenue
Correction des épreuves : Monique Forest et Daniel Gauthier
Illustration : Patrice Charbonneau-Brunelle

Nous remercions le Conseil des Arts du Canada
de l'aide accordée à notre programme de publication.
Nous remercions aussi la Sodec.

Dépôt légal : troisième trimestre 2010
Bibliothèque et Archives nationales du Québec
Bibliothèque nationale du Canada

ISBN 978-2-89637-035-1

Jasmine Dubé

GINKGO ET LA JARDINIÈRE

Dramaturges Éditeurs

La première représentation publique de *Ginkgo et la jardinière* a eu lieu le 7 mai 2010, à la Maison de la culture Maisonneuve à l'occasion du festival Petits bonheurs.

Distribution :
LA JARDINIÈRE : Jasmine Dubé
GINKGO* : Christophe Papadimitriou à la contrebasse et Barbara Malter-Terrada à la flûte

Musique et mise en scène : Hadi El Gammal
Décor, costumes et accessoires : Patrice Charbonneau-Brunelle
Assistance au décor : Angela Rassenti
Coupe des costumes : Lison Proulx
Maquillages : Angelo Barsetti
Régie : Marie-Andrée Lemire
Éclairages : Patrice Charbonneau-Brunelle, Hadi El Gammal et Jean Paquette
Direction de production : Jean Paquette
Construction du décor : Atelier Acmé
Photos : Michel Pinault
Graphisme : Arnaud Wanderscheid
Dessin de l'affiche : Patrice Charbonneau-Brunelle
Coproduction : Théâtre Bouches Décousues et Théâtre Maât

* MariEve Lauzon et Vincent Noiret ont participé à la recherche et jouent en alternance avec les deux musiciens de la création.

Ont également participé à la recherche : Alex Bellegarde, Delphine Havaux et Anne-Marie Levasseur.

Crédits CD :
Flûte : Barbara Malter-Terrada
Contrebasse : Christophe Papadimitriou
Voix : Jasmine Dubé
Textes de Jasmine Dubé
Musiques de Hadi El Gammal
Enregistré à Montréal avec le studio mobile du Théâtre Maât
Mixé au Studio Fields, Braine l'Alleud

L'auteure remercie Félix Dubé-Pache pour ses dessins si inspirants, l'Institut Canadien de Québec, Hadi El Gammal, Christine Smeyster, Marc Pache, l'équipe du spectacle, le Théâtre Bouches Décousues, le Théâtre Maât, Pierre Larivière, Jeanne Pigeon, Roger Deldime, Nicole Thibault et Manon Morin.

À mes amis gaspésiens,
confituriers de petites fraises sauvages :

Yolande, ma sœur de cœur,
ma « tuteure », à toute heure.

Francis,
mon beau-frère jardinier,
avec qui j'ai fait mon premier jardin.

« Chaque pomme est une fleur qui a connu l'amour. »
Félix Leclerc

« Avec de la patience, le verger devient confiture. »
Proverbe persan

PERSONNAGES

La Jardinière : Elle prend soin de tout ce qui vit, elle soigne, elle s'émerveille. Elle joue avec les mots. Les éléments sont ses amis.

Ginkgo : C'est un vieil arbre qui a beaucoup vécu et qui a traversé de lourdes épreuves. Transplanté il y a très longtemps, il a laissé des racines ailleurs. Il s'exprime en musique. C'est le vieil ami de la jardinière.

Les Végétaux (semis, pousses, vivaces, bulbes, légumes...) : Ce sont les enfants de La Jardinière.

Teddy : C'est une petite plante fragile qui a vécu des traumatismes. Inquiet, il réclame beaucoup d'attention de la jardinière. Il vit dans un pot.

Le Soleil et La Lune : Amis de La Jardinière qu'ils visitent régulièrement, ils sont ponctuels, chaleureux et... brillants !

Les Saisons : Le Printemps est espiègle, L'Été, généreux, L'Automne, un peu nostalgique, quant à L'Hiver, il est tranquille et taciturne.

Le Vent : Il a ses humeurs selon la saison. Bavard, il peut aussi être doux, violent, cassant.

Madame L'Oiseau : C'est une vaillante et une grande « jaseuse ». Elle a le sens de la famille. Toujours en action, elle revient chaque printemps.

Le Petit Œuf : Un abandonné que La Jardinière recueille et qui s'en sort bien grâce aux soins et à l'amour qu'elle lui prodigue.

Le Petit Ginkgo : Un nouvel arrivant à la recherche des siens.

NOTES

— La Jardinière est jouée par une comédienne. Ginkgo est représenté par des musiciens. Les autres personnages du jardin sont évoqués musicalement.

— Le sigle ♩♫ indique le début d'une pièce musicale et le sigle ♫ en indique la fin.

— Le sigle ♫♩ indique une intervention musicale dans le texte.

Quand les mots et les notes se bouturent

Fruit d'une collaboration entre le Théâtre Bouches Décousues de Montréal et le Théâtre Maât de Bruxelles, la création de *Ginkgo et la jardinière* est l'occasion d'une première coproduction internationale pour les deux compagnies qui affectionnent tout particulièrement le public de la petite enfance.

Au début de l'année 2007, Jasmine Dubé était en résidence d'écriture à l'Institut Canadien de Québec pour écrire ses *Jardins d'enfants*, un triptyque qui se décline pour trois groupes d'âge. Poursuivant avec le Théâtre Bouches Décousues le travail de recherche sur la rencontre entre le théâtre et les autres arts amorcé avec *La couturière* (théâtre et arts visuels) et *Les flaques* de Marc-Antoine Cyr (théâtre et danse), elle propose maintenant un dialogue entre le théâtre et la musique. C'est dans cet esprit que les deux compagnies s'associent pour créer *Ginkgo et la jardinière*, un spectacle belgo-québécois qui fait se rencontrer non seulement le théâtre et la musique, mais aussi des artistes et des spectateurs belges et québécois.

Jardin de mots et de notes belgo-québécois

Chaque printemps ramène de la grande visite que j'attends avec impatience : crocus, pissenlits, brins d'herbe, jonquilles, bourgeons, merles, oies des neiges, sirop d'érable… Je suis émerveillée de les voir de retour, si fragiles, si magnifiques, après la traversée de l'hiver, des ciels et des intempéries. Le printemps m'enchante. J'y fais le plein d'espoir pour l'année.

Jardinage et écriture sont deux activités que j'adore. Je mélange les mots avec la terre. J'arrose mes platebandes et mes pages blanches et je fais des bouquets d'histoires avec mes crayons. J'aime jouer avec les mots. J'aime jouer dans le terreau. À ces deux passions, s'ajoute celle du théâtre et des enfants.

J'ai jardiné avec mon ami Hadi. Tantôt chez nous. Tantôt chez lui. Notre jardin a pris l'air des deux côtés de l'Atlantique. À même le sol,

Hadi a semé des notes qui s'accordent avec mes mots jardinés. Avec des clés, il a fixé des airs sur une portée et, dans le contrebas des mots, il les a soufflés dans une flûte. Puis les mots et les notes se sont mis à valser au gré des saisons.

Il y a beaucoup d'amour dans ce jardin. Il y a la force tranquille et la fragilité de la vie qui vient, qui bat son plein, qui part et qui revient comme une roue qui tourne.

J'aime ce mariage belgo-québécois avec les musiciens de nos deux pays. C'est cette rencontre que nous avons envie de partager, de chanter, de jouer, de faire entendre aux petits et aux grands des deux côtés de l'océan.

Jasmine Dubé

À la croisée des chemins

À la croisée des chemins entre le Québec et la Belgique,
se trouve un jardin foisonnant et fantasque, tendre et bouffon.
Il n'est pas clôturé.
Nous invitons petits et grands à y entrer un moment,
l'espace de quatre saisons,
le temps d'y glaner quelques mots,
d'y cueillir quelques notes,
d'y planter quelques rêves...

Né de la rencontre artistique entre Jasmine et moi, entre nos deux compagnies, nos deux univers, ce jardin est sorti doucement de terre au fil de deux belles années d'échange, d'exploration, de création, dans un parcours peuplé de précieux partenaires.

Dès le début, nous avons tissé étroitement, dans de constants allers-retours, le texte, la musique et la scénographie. La mise en scène se propose de mettre tout cela en mouvement, comme dans un jeu d'enfants, à travers les personnages, les instruments, les sons et les objets.

Dans une partition à trois voix, La Jardinière et son chœur de musiciens complices nous racontent le passage des saisons, autour du vieux Ginkgo et de son univers, tantôt majeur, tantôt mineur, à la fois intense et fragile, comme la vie.

Hadi El Gammal

L'Hiver

♫ *Musique : L'Hiver*

Sur scène, Ginkgo est chargé de neige.

Le vent souffle. La neige tombe. Silence glacé de l'hiver. Une musique cristalline naît progressivement.

La Jardinière est couchée près de Ginkgo. Avec l'arrivée de la musique et de la lumière, les tissus blancs qui recouvrent Ginkgo et La Jardinière se défont. ♫

Le Printemps

♫ *Musique : Le Printemps.*

La lumière gagne en intensité. Le jardin se réveille. Le vent devient plus doux. La neige s'efface tout doucement. On entend le chant des merles, des corneilles. Des oies des neiges traversent le ciel.

LA JARDINIÈRE
Salut, Soleil !
Eh bien ! Mon ami, tu as pris des forces !
Tu ramènes Le Printemps !

Au revoir, L'Hiver !
Ton tour est venu de partir.
Replie ta couverture blanche
et repars avec tes longues nuits.

Bonjour, Printemps !
Ça fait plaisir de te voir avec tes rayons si doux.

La neige se change en eau.
Et la sève coule, coule, sucrée !
Les rivières débordent de joie.

Tu es tout dégoulinant.
Tout ruisselant, tout chantant, tout fondant !
Tu nous réchauffes avec tes promesses.

Tu ramènes toute une marmaille joyeuse avec toi :
les corneilles, les merles,
les bourgeons, les vents doux,
les ciels bleus,
les jours plus longs, plus tièdes.
Les odeurs.
Toute une agitation chez les mammifères !
Toute une activité dans les champs, dans les forêts !
Tu dessines des sourires en coin-coin aux canards,
aux sarcelles, aux outardes. ♫

Elle prend une tasse de silence.

Mmmmm… une tasse de silence.
Prends tout ton temps, Printemps,
pour effacer les traces d'Hiver.
À l'année prochaine, Hiver !
Va neiger ailleurs !

♫ *Musique : Ginkgo.*

Salut, Ginkgo !

Tu as traversé un autre hiver, mon vieux.

J'ai eu peur que le froid ait raison de toi.

Oh oui, moi ça va pas mal.
Tu vois, je suis toujours là !

Et ta vieille branche ?

Elle a tenu le coup, ta vieille branche ?

Est-ce que tu crois qu'elle nous donnera encore des feuilles cette année ?

Oh, mon bon Ginkgo,
c'est bon de te retrouver après l'hiver.

La Jardinière pose son oreille contre le tronc de Ginkgo. Elle l'ausculte.

J'entends les racines qui gigotent dans la terre.
Ça grouille là-dessous.
La vie se réveille dans les graines. ♫

Oui, tu as raison, Ginkgo,
les petits aussi doivent se dégourdir les racines.

Au boulot !

Elle sort des boîtes à fleurs, des platebandes, des pots. Elle enlève les tissus qui recouvrent les arbustes. Elle soulève des petites couvertures sur le sol.

Allez, allez mes petits.
On sort de l'hiver.
Hop ! Hop ! Fini le repos.
On se lève maintenant.
Regardez-moi ce soleil !

Bonjour, les vivaces !
Vous avez bien dormi ?
Allo ! Mes petits choux,
mes petites ronces couvertes de chatons.
Oh ! Mes grandes échalotes et mes grands échalas !
Mes fines herbes !
Bonjour, les bulbes.
Vous avez fait de beaux rêves ?

Tiens, qu'est-ce que c'est que ça ?
Un œuf !
Mais qu'est-ce que tu fais là, toi ?
Tu ne peux pas rester comme ça,
sans la chaleur d'un oiseau.

Tu ne peux pas rester comme ça,
sans maman pour te couver.
Qu'est-ce que je vais faire de toi, moi?

> ♫ *Thème de Teddy.*

Oh! Ça, c'est Teddy qui se réveille.

> *Elle met l'œuf dans son corsage puis elle accourt vers Teddy en chantant: «Dans les bras, dans les bras».*

Oui, oui, j'arrive, Teddy!

♫

Bonjour, mon beau Teddy.
Tu as fait tout un somme!

♫

Oui, viens «Dans mes bras, dans mes bras».

> *Elle prend un pot dans lequel se trouve une petite plante fragile: c'est Teddy.*

Viens voir, Teddy.
Viens voir le jardin.

♫

Sois sans crainte, L'Hiver est parti.
Talam!
Regarde-moi ce ciel bleu, Teddy!
C'est pas beau, ça!
Et cette lumière!
Tu vois, Le Printemps est arrivé.

♫♩

Regarde qui est là.
C'est Ginkgo.
Et les copains aussi sont là.

♫♩

Mais oui, Teddy, tu es dans mes bras.
Tiens, je te pose ici à côté des petites pousses.

♫♩

Non?

♫♩

Tu ne veux pas que je te pose par terre?

♫♩

Teddy! Teddy! Tu veux toujours être dans les bras.

♫♩

Toujours, toujours: «Dans les bras, dans les bras».

♫♩

Oh là là…
Tous les printemps, c'est comme ça.

♫♩

Oui oui, «Dans les bras, dans les bras».

♫♩

Voilà. *(Elle le berce.)* Titititi.
Ça va mieux là ?

♫♩

Teddy ! Je ne peux pas te...

♫♩

Teddy…

♫♩

Je sais que tu trouves ça difficile, mais…

♫♩

Mais je…

♫♩

Mais je…

♫♩

Écoute moi, Teddy ! Bon.

Tu me laisses parler maintenant ?
Je peux ?

♫♩

Teddy, je ne peux pas te garder dans mes bras toute la journée, tu comprends.
Je suis là, juste à côté, je ne pars pas.
Si tu m'appelles, je répondrai.
Toujours !

♫♩

Tu veux qu'on parte en promenade?

♫♩

D'accord, mais pas tout de suite.
(Elle le dépose.) Là.

♫♩

Maintenant, tu restes un petit moment tranquille,
je dois aussi m'occuper des autres. ♫

Allez, allez, les semis.
C'est fini la dormance.
On va se dégourdir et s'aérer.

♫♩

Non, non, je ne veux pas entendre de germinations.
Par ici.
Par ici, les graines et les petites pousses.
Tout le monde sur son petit pot.
Tout le monde dans son petit pot.
Bien.

Madame L'Oiseau arrive.

♫♩

Hé! Regardez qui est là!
C'est Madame L'Oiseau qui est revenue!

♩♫ *Musique: Madame L'Oiseau.*

Bonjour, Madame L'Oiseau.
Vous avez fait bon voyage?

♫♩

Je comprends.
Je vous trouve bien courageuse de voler aussi loin.

♫♩

Vous avez retrouvé votre Monsieur L'Oiseau?

♫♩

Et vous construisez votre nid, maintenant?

♫♩

Oh! Madame L'Oiseau,
j'ai trouvé ce petit œuf dans mon jardin
et je me demandais si...

♫♩

Ah! Non?

♫♩

Vous ne voulez pas le prendre avec vous dans votre nid?

♫♩

Je sais, vous avez beaucoup à voir.
Et puis, vous allez bientôt pondre vos œufs.

♫♩

Oui, oui. Je comprends, je comprends ça.

♫♩

Bonne journée, Madame L'Oiseau.

♫♪

Tourlou ! ♫

Elle aurait pu faire un petit effort, quand même !
Un de plus, un de moins, c'est pas la mer à boire !

Qu'est-ce que je vais faire de ce petit œuf, moi ?

Lazzi. La Jardinière est fâchée contre Madame L'Oiseau. Elle regarde l'œuf sous différents angles, ne sachant trop quoi en faire. Elle le soupèse, l'écoute, le regarde, s'interroge. Maladroite, elle tente de trouver une solution, ne sait trop où le mettre, fait des gaffes, l'échappe presque, puis, elle le pose par terre.

Je ne peux quand même pas le couver !
Je ne suis pas une mouette.
Je suis une jardinière !

Elle reprend l'œuf et se dirige vers une platebande tout près d'une racine de Ginkgo.

Je vais te planter Petit Œuf.
Je n'ai jamais cultivé d'œuf avant aujourd'hui,
mais on ne sait jamais.

Ici !
Pas trop creux dans la terre.
Ainsi, ce sera le ciel qui te couvera
comme si c'était ta maman.

Hé ! Soleil !
Réchauffe-nous la terre et les orteils.
Merci, Soleil !

Elle embrasse l'œuf et le met en terre.

Voilà, Petit Œuf.
Comme ça tu seras bien au chaud.
Maintenant si tu veux voir le jour,
fais ce que dois.

On verra bien ce qui sortira de là.

♫ *Tintements. Les petites pousses et Teddy s'impatientent.*

Oui, oui, les semis.
J'arrive.
Non, mais, c'est qu'elle nous fait attendre La Jardinière !

À tantôt, Ginkgo.
J'emmène les petites pousses en promenade.
Ne t'inquiète pas, mon vieux,
je ne partirai pas longtemps.

Alors, on la fait cette promenade ?
Accroche-toi, Teddy !

Elle sort en tirant le chariot de petites pousses et en tenant Teddy dans ses bras. ♫

L’Été

♫ *La Jardinière revient de son tour de planète avec Teddy et les petites pousses qui ont grandi et fleuri. Elle transforme le jardin printanier en jardin estival: elle fait pousser des fleurs, des plants de tomates, des graminées. La vie éclate de toutes parts. De l’herbe et des fleurs sortent du sol. Ginkgo se couvre de feuilles. Les plantes grandissent.* ♫

Une tasse de silence…

Bonjour, Soleil!
Tu cognes fort, aujourd’hui.
Tu ramènes L’Été.

Au revoir, Printemps!
Tu cèdes la place à L’Été.
Tiens, le voilà qui se pointe…

Bonjour, L’Été!

♫ Vous vous aimez bien tous les deux, je sais…
Vous prolongez le jour quand vous vous rencontrez,
histoire d’étirer un peu le temps pour vous serrer la pince
et vous donner les dernières nouvelles:

«J’ai planté un champ.
J’ai fait pousser des épinards,
des endives, des iris et des pissenlits.

Les nids sont prêts.
Les petites pousses poussent.
Les petits œufs aussi. »

Tu as bien travaillé, Printemps.
Tu as fait du beau boulot.
Allez viens L'Été !
Fais-nous-en voir de toutes les couleurs
avec tes orages électrifiants,
tes lucioles folles,
tes douches chaudes,
et tes invitations à plonger dans la mer.

Fais-nous pousser de beaux légumes, L'Été.
Fais-nous languir de bonheur
Devant les parterres en fleurs.
À l'année prochaine, Printemps ! ♫

Tu es content, Ginkgo ?
Aujourd'hui, c'est le solstice
et ton ami L'Été est de retour.

Tu as vu, là où j'ai semé l'œuf,
il y a une jolie petite pousse qui sort de terre.
Ça ressemble à une plume.

Il se sent bien auprès de toi, je crois.
Hein, Petit Œuf,
tu aimes bien pousser près de Ginkgo ?

Continue ton chemin, Petit Œuf.
Grimpe, grimpe jusqu'aux nuages,
jusqu'à ce que tu deviennes oiseau.

Les petites pousses piaillent plus loin. La Jardinière et Ginkgo les regardent, attendris, comme deux parents admiratifs…

Comme ils ont grandi, nos petits.
Ils ont maintenant des fleurs
et bientôt, ils auront des fruits.
Profitons-en pendant qu'ils jouent dans les platebandes
pour prendre soin de nous.

As-tu une petite faim, Ginkgo ?
Une salade de notes et de mots pour déjeuner,
ça te dirait, mon vieux ?

♫ *Valse : Salade de notes et de mots*

Hier, j'ai semé des lettres, Ginkgo.
Et tu vois, il y a déjà des mots…
Oh ! des tout petits mots qui sortent de terre.
Regarde, ici, il y a… ICI.
Et là, il y a… LA.
Et regarde un SI mineur, ici…
et à côté de là, il y a… LA.

Oh ! Un DO maintenant.
Un FA, là, sur le sol.

J'aime bien les mots en salades ou en bouquets.
Ça me nourrit.
Ça me fait rire aussi, les mots :
les mémos, les demi-mots
les chameaux, les plumeaux, les rameaux…

Oui, je sais, toi tu préfères les notes.
Tiens, justement, en voici unc.
Une toute petite note.
Un mi…
un minuscule mi…
Un mi-nuscule.

C'est bon, hein !
Encore un peu amer, mais…

Aujourd'hui, je n'ai que des notes mineures
et des mots minuscules
parce qu'on est au début de l'été.
Mais tu verras, plus tard, au mois d'août,
j'aurai de longs mots doux.
Des mots aoûtés.
Des mots « droit au cœur » et des mots majuscules.
Des notes majeures.
Et puis aussi des croches et des doubles croches.

Et je pourrai faire des phrases avec mes notes et mes mots.
Des concerts de mots !
De la moutarde de mots !
Et cet hiver,
j'écrirai des histoires avec mes mots jardinés :
des romans fleurs avec des roses et du romarin.
Et je ferai des confitures de petites phrases des champs.
Des contes et confitures de petites phrases sauvages.

Et des platebandes dessinées
avec des bulles et des bulbes,
des laitues romanes et romanesques.
Je mettrai des si et des peut-être dans mes récits :
des RÉ, des SI, des radeaux et des radis.
Et s'il en reste,
je l'enverrai au composteur :
ça portera bonheur.

Regarde :
IL... ÉTAIT... UNE... FOIS...
Il était une fois !
J'inventerai un remède avec mes mots pour te soigner,
mon vieux Ginkgo,
des pommades et des pommeaux !
Si, si, ne rouspète pas, petit père.

J'aime bien les notes aussi.
Quand elles ne sont pas trop salées.

Quand elles sont chantantes.
Croquantes.
Bien sûr, je ne les aime pas autant que toi.
Toi, tu les fais si bien sonner, les notes.
Alors, tu en feras des comptines et des berceuses.
Des ballades et des…

Oh ! Regarde, ici, il y a trois petits points.
C'est une coccinelle.
Ça porte chance. ♫

Allez envole-toi, petite.

On entend le toc-toc d'un pic.

Tu entends,
il y a un pic-bois tout près d'ici.

♫♫♩

C'est un pic mineur !
Tu sais mieux que moi !
C'est toi le spécialiste des notes.

Je pourrai bientôt cueillir une portée de notes
et tu en feras une symphonie !
Mais il te faut d'abord recouvrer la santé, mon vieux.

Craquements, sons, plaintes, percussion.

Comment va ta vieille branche ?
Pas de menteries, hein.
Il y a déjà suffisamment de menthe qui pousse par ici.

Oh, ta pauvre branche blessée…
Mmmm…
C'est pas en santé, ça !

Grincements.

D'accord, d'accord… On n'en parle plus.

Malaise. Petite bouderie.
Toc-toc du pic de plus en plus près.

On dirait bien que le pic a trouvé son déjeuner, lui aussi. Les pics adorent les insectes qui se cachent dans les arbres malades et…

Temps.

Pourquoi j'y ai pas pensé plus tôt?

Elle s'approche de la branche malade de Ginkgo. Bruissement d'ailes. Le toc-toc du pic s'interrompt.

Montre-moi tes feuilles, mon vieux.
Ouais… bien vertes ici,
bien ouvertes, ici aussi…
Mais… Qu'est-ce que…
Encore ces fourmis!

Pucerons, fourmis et coccinelles. Doigts qui courent sur les instruments.

Est-ce qu'on finira par en venir à bout, tu crois?
Elles sont bien organisées, ces bestioles!
Elles élèvent des pucerons.
Regarde,
tu en as tout plein de collés sur tes feuilles…
Des pucerons! Des larves!
Oh… Tu en es infesté mon vieux.

Tintement.

Te revoilà, petite coccinelle.
Va chercher ta famille.

Invite-les au grand festin de pucerons !
Allez ! Ne te gêne surtout pas !

Pscht ! Ouste !

Elle chasse les insectes. Une volée de coccinelles se posent sur Ginkgo.

Bon appétit !

Elle reprend son jardinage.
Elle fait exister le jardin : arrosage des plantes, présence du soleil, du vent, des insectes, etc.

♫ *Musique. Thème de Teddy.*

Tu as soif, Teddy ?

♫

« J'ai soif, j'ai soif, j'ai soif. »

♫

Oui, oui j'arrive.
Voilà.

Une tasse de silence. ♫

Elle l'arrose d'une tasse de silence, qui, tout de suite, le calme.

Tu as grandi, toi !
Tu as besoin d'un autre tuteur,
celui-ci est devenu trop petit pour toi.

Tu es beau comme ça, Teddy,
parmi les platebandes toutes fleuries.

♫

Tu aimes le soleil, maintenant !
Eh bien, c'est une bonne nouvelle, ça.

Si tu as trop de soleil, tu me le dis, j'ai tout ce qui faut :
des parasols pour protéger du soleil,
des moustiquaires pour protéger des moustiques,
des petites serres pour protéger des effets de serre.
Des petits pots, des petites crèmes...

> ♩♫ *L'œuf qu'elle a semé est maintenant un oiseau qui chante.*

Bonjour mon Petit Œuf.

♫♩

Eh bien, c'est en santé, ce petit œuf-là !

♫♩

Te voilà devenu un bien bel oiseau, mon Petit Œuf.
Tu en as fait du chemin depuis que je t'ai trouvé !

♫♩

Jusqu'où te rendras-tu ainsi ?

♫♩

Tu as chaud ?

♫♩

C'est le soleil qui plombe et qui fait son travail de soleil.

♫♩

Attends... ♫

Elle s'adresse au vent.

Hé ho ! Le Vent.

♫♩

Tu veux bien nous rafraîchir un petit brin ?
Chatouille-nous le bout du nez.
Caresse-nous les doigts,
les feuilles, les plumes…
Mmmmm…
Merci Le Vent !
Tu es tout doux…

Elle profite voluptueusement du jardin et de la douceur de l'été. Soudain des sons étranges se font entendre.

Tu as entendu ?

♫♩

Non ?

♫♩

Tu n'as pas entendu comme…
un bruit qui venait du fond de la terre ?

Elle fouille la terre du jardin.

Attends…
Oh !… Mais qu'est-ce que…

Elle sort de terre des racines au bout desquelles pend un arbuste en forme d'instrument de musique.

♫ *Musique : Ginkgo, père et fils*

Mais d'où tu viens, toi ?
Et qu'est-ce que tu fais dans mon jardin ?

Elle pose l'oreille contre le Petit Ginkgo.

« Je m'appelle Ginkgo
comme mon papa
qui est parti de l'autre côté du monde
pour soigner sa vie,
pour guérir sa peine
et sa vieille branche blessée. »

C'est ton petit, Ginkgo.
Il a poussé loin de toi.
Il a remué mer et monde pour te rejoindre.
Il a cherché, cherché…
Et il t'a retrouvé
ici, dans mon jardin.

La Jardinière transplante le Petit Ginkgo à la tombée du jour.

Je vais te soigner, Petit Ginkgo.

Je mets un peu de terre.
J'arrose d'un peu de bleu.
J'ajoute un petit bisou de rien du tout.
Juste un petit bisou.
Comme ça.
Pas plus. Pas moins.

Je souffle un peu de ma chaleur.
Un petit peu de ma vie.
Un gros peu d'amour, tout le tour.

Bonne nuit, Petit Ginkgo.
Dors bien près du grand Ginkgo.

Je ne suis pas ta mère,
mais je veille sur toi.
Je t'adopte.

Je laisse la lune allumée.
Elle se couche tard
et veillera sur nous.

N'est-ce pas que tu veilleras sur nous ?
Lune veilleuse !
Lune merveilleuse !

♫♪

Veille sur mes deux Ginkgo.

♫♪

Tu trouves qu'il y a trop de lune ?

♫♪

Lune !
Tu ne peux pas baisser un peu ta veilleuse ?

♫♪

Ah, non : tu es pleine.

Je vais ouvrir le paralune
et tu pourras quand même voir la bonne étoile
qui veille sur toi. ♫

Elle s'éloigne du Petit Ginkgo.

Qu'est-ce qui brille comme ça, là ?
Oh ! c'est moi...

Miroir, miroir,
dis-moi qui est la plus belle ?

Mais qu'est-ce que j'ai au fond des yeux ?
J'ai pris un petit coup de soleil, moi…
Et un coup de vieux aussi.

Madame L'Oiseau arrive.

Chut ! Pas trop fort !
Vous ne dormez pas encore, vous ?

♫♩

Moi qui croyais que les oiseaux se couchaient
à l'heure des poules !

♫♩

Je vais me reposer maintenant.
J'ai besoin de refaire mes forces
pour aider mes petits à pousser.

♫♩

Vous aussi, Madame L'Oiseau.
Bonne nuit, beaux rêves !

♫♩

Madame L'Oiseau s'envole.

♫♩

Oui, oui, pas de puces, pas de punaises !
Pas de fourmis, surtout.
Hein, Ginkgo ?

Ginkgo ne répond pas.

Ginkgo !
Ginkgo, tu dors ?

Le long silence qui suit inquiète La Jardinière. Elle constate que Ginkgo dort.

(Rassurée.) Il s'est endormi,
mon vieux Ginkgo.

Elle fait le tour de son jardin.

Allez, mes petits,
c'est l'heure de dormir.

♫♩

Tu veux dormir avec tes amis, Teddy !
Eh ben, dis donc !
Voilà un Teddy qui fait plaisir à voir.

Bonne nuit, La Lune !
Bonne nuit, mon jardin.

♩♫ *Elle quitte le jardin en tirant le chariot de petites pousses sur lequel se tient aussi Teddy. Musique. Changement de saison.* ♫

L'Automne

♫ Le jardin est à maturité. Il se colore de rouge, de jaune. Près du grand Ginkgo pousse maintenant un petit Ginkgo. Le Vent se déchaîne. La Jardinière arrive. ♫

Bonjour, Soleil !
Oh... tu as pâli, toi.
Tu te fatigues et tu t'éloignes.
Tu restes de moins en moins longtemps avec nous.
Je sais, je sais...
La Terre te tourne autour
et les autres continents te réclament eux aussi.

Hé ho ! Le Vent.
Tu y vas un peu fort aujourd'hui !
Tu pourrais y aller plus doucement, non ?
Non !
Bien en attendant que tu retrouves ton calme...

Elle se couvre et prend une tasse de silence.

Brrr... Une tasse de silence.
Un peu froid le silence, aujourd'hui.

Au revoir, L'Été !
Merci pour tes générosités.

♫ Musique : L'Automne.

Bonjour, L'Automne.
Tu raccourcis les jours,
mais tu es généreux avec les pommes,
les citrouilles et les balles de foin.

Tu as sorti tes pinceaux
et tu peins les arbres
en rouge, en ocre, en roux.
Même les érables rient jaune.
Et ça fait cric crac sous nos pas.

Finies les baignades.
On ajoute une petite laine
et on part en ballade
dans les forêts tapissées de feuilles,
dans les champs où l'herbe est rasée.

Tu te couches de bonne heure, L'Automne.
Tu pourrais bien veiller un peu plus tard.
Oui, oui, je sais,
les enfants vont à l'école
et ils sont pressés de se déguiser en fantômes
et en extraterrestres.

Tu es un peu cavalier quand même
sous tes allures colorées.
Oui, tu nous as prévenus.
Oui, oui, on se prépare.
On fait nos provisions
avant les grands froids.

On ramasse, on engrange.
On laboure, on range.

Passage de l'été des Indiens.
La Jardinière soupire.
Elle s'assoit, calme et fatiguée.

Pendant que la douceur du temps s'étire un brin.
Avant que la grisaille s'installe,
et les grandes pluies froides de novembre.
Salut, L'Automne.
Tu chasses les oiseaux. ♫

♫ *Thème de Ginkgo.* ♫

C'est pas le travail qui manque, Ginkgo.
Tu vois, L'Automne est arrivé.
Tes feuilles sont toutes jaunes
et plusieurs sont tombées déjà.
Il faut ramasser tout ça.
Oui, tu as raison, tu es comme un pommier :
« c'est pas parce qu'il est vieux
qu'il donne des vieilles pommes ».*

Ils rient.

Tu perds tes feuilles et moi je perds mes cheveux.

Tu jaunis, toi aussi, Petit Ginkgo,
comme ton papa.
Et dire qu'il n'y a pas si longtemps
il était tout vert
et feuillu dru-dru, ton papa.

Il y a tant à faire au jardin :
ranger les outils,
mettre les bulbes à l'abri,
protéger les platebandes,
cueillir les poireaux,
alouette !

Il faut aussi recouvrir les arbustes,
on ne sait jamais avec le froid...

Malaise.

* « Ce n'est pas parce que je suis un vieux pommier que je donne de vieilles pommes ! » (Félix Leclerc, *Le calepin d'un flâneur.*)

Et d'ailleurs, Ginkgo…
Je me demandais si je ne devrais pas,
pour toi aussi.

♫ «Ginkgo Lament.»

Non, non, ne le prends pas mal.
Je sais bien que ça fait longtemps
que tu n'as plus de protection pour l'hiver,
mais tu vois, je m'inquiète quand même
avec cette branche fragile.

Non, non,
ne fais pas comme s'il ne se passait rien, Ginkgo,
tu n'es plus le jeune arbre que tu étais.
Et tu as une branche endommagée.
Et d'ailleurs, fais-moi voir.
Oh là là…
Encore ces fourmis qui courent !

Je n'arriverai jamais à m'en débarrasser.
C'est tout sec, Ginkgo.

J'ai bien peur que je doive couper ta branche, mon vieux,
avant que les autres ne soient atteintes.
Hein ? Qu'est-ce qu'on fait ?

Oui, on avait dit ça déjà,
l'automne dernier…
Et puis on a décidé d'attendre jusqu'au printemps.
Et au printemps, ben…
ça n'allait pas si mal.
Mais là, elles sont revenues, les bestioles.
Et la situation ne s'améliore pas.
Malgré les pommades, les petits soins,
ta branche ne reprend pas de mieux,
au contraire,
elle dépérit, mon petit père.

(Conciliante.) Oui, oui, on va faire comme ça.
Je vais d'abord m'occuper du jardin
et on verra plus tard.
Tu as peut-être raison, mon vieil ami. ♫

Alors, pas de protection pour le vieux,
mais le petit n'y échappera pas lui !
Regarde-moi ça comme ça pousse ce Petit Ginkgo-là.

Elle entoure le Petit Ginkgo d'un manteau de jute.

Non, non, ne rouspète pas !
C'est comme ça que ça se passe ici.
On ne rigole pas avec le froid.

♫♪

Ton père c'est ton père
et toi c'est toi.

Ah ! Vous faites une belle paire
tous les deux !

Elle prend un panier pour commencer sa récolte.

Bon. Voyons ça, ces récoltes.
Un mot.
Un trémolo.
Un méli-mélo de notes et de mots.
Pianissimo !
Prestissimo !
Allez legato…

Valse chantée

♫ Une maille à l'endroit.
Une maille à l'envers.
Le printemps, l'été,
l'automne et l'hiver.

Une maille à l'envers.
Une maille à l'endroit.
La pluie. Le beau temps.
La douceur puis le froid.

Je tricote des phrases
et j'en fais des histoires.
J'papillonne sur la page
avec des mots noirs.
Je cueille des pommes,
des sons, des notes
et des rêves.

Des fraises, des framboises
pimentent les mots d'humour.
Sur les feuilles qui tombent,
j'écris des mots d'amour.

J'emballe,
j'déballe
des balles de foin
et de neige.
J'déroule
des balles de laine
jusque dans les nuages.

Une maille à l'endroit.
Une maille à l'envers.
Le printemps, l'été,
l'automne et l'hiver.

Une maille à l'envers.
Une maille à l'endroit.
La pluie, le beau temps,
la douceur puis le froid.

J'réveillonne en couleur
sous le sapin blanc.
Dans le feu de joie,
j'tisonne des mots brûlants.

Compote de notes,
conserves d'amour,
pour l'hiver.

Et bientôt,
bien plus tôt que tard…
Mon Ginkgo
tricotera son histoire. ♫

Pendant la chanson, La Jardinière a rempli son panier de fleurs, de fruits, de tout ce que le jardin avait à lui offrir. Elle va partager sa récolte avec Ginkgo.

Eh ! Quelle belle récolte !
Merci, mon jardin !
Tu es bien généreux.

La Jardinière et les musiciens croquent dans des fruits mûrs. Puis La Jardinière range ses victuailles.

Allez, mes petits,
c'est le temps de se mettre à l'abri maintenant.

Dormez bien, mes petits choux.
Et vous aussi, mes fines herbes.

Venez les semis,
on retourne dans la petite cachette
avant d'être surpris par l'hiver.

Dormez bien, les bulbes !

> ♫ *Musique thème de Teddy.*
> *Un Teddy qui est une grande plante maintenant.*

Teddy !
Comme tu as changé depuis le printemps !
Je ne pourrai plus te prendre dans mes bras comme avant.

♫

Oh, toi ? Toi, tu veux me prendre dans tes bras !

Oh ! Mon beau grand Teddy !

On va t'enlever ce tuteur.
Tu n'en as plus besoin, mon grand.
Tu pousses tout seul, maintenant.

> *Des oies des neiges passent au-dessus de leur tête.*

Bonjour Les Oies,
à l'année prochaine !

> *Madame L'Oiseau arrive avec sa couvée.*

Bonjour, Madame L'Oiseau.
C'est le jour du départ ?

♫

Bien sûr avec l'automne qui est là...

♫♩

Vous prenez mon Petit Œuf avec vous !

♫♩

Vous l'adoptez !

♫♩

Eh bien c'est toute une surprise ça, mon Petit Œuf.

♫♩

Même s'il est devenu un oiseau,
pour moi il sera toujours mon Petit Œuf.

♫♩

Tu auras donc deux mamans :
une au sud et une au nord.
Même si je n'ai pas d'ailes,
je serai toujours ta mère poule.

Petit Œuf et Madame L'Oiseau s'envolent vers le sud. ♫

Bon voyage, Madame L'Oiseau !
Au Revoir, mon Petit Œuf !

Cet hiver, je te tricoterai
une histoire et une couverture
et quand tu reviendras,
tu trouveras un nid bien chaud.

Bonne route, Petit Œuf!
On se reverra au printemps prochain…

Ils sont partis.

J'espère…
Il le faut…

Elle trouve une plume.

Oh… tu as oublié une plume...

Je t'écrirai.
Je t'écrirai.

Oui, je t'écrirai…

La Jardinière prend sa tasse de silence.

Une tasse de silence.
Avec un petit glaçon dans le gorgoton…

Elle range les boîtes à fleurs, elle recouvre les platebandes. Elle ajoute une petite laine sur ses épaules.

L'Hiver est à nos portes, Ginkgo.

Finale

♫ Vite, vite, L'Automne,
L'Hiver approche.
Il se rapproche.
Encore un peu et il sera là
Mi-gris, mi-blanc.
Sur le sol en dormance.

Encore un tout petit temps.
Ne pleure pas, L'Automne,
ne pleure pas.
Tu reviendras.

Tu reviendras nous voir l'année prochaine.
Tu rapporteras tes chandails de laine.
Tes ors, tes trésors.
Tes roux, tes roussis, tes rougis.

Encore un brin et il sera là
le Bonhomme Hiver
qui te rend tout vert de peur.
N'aic pas peur, L'Automne,
il ne te mangera pas.
Il n'a jamais mangé personne.
Il te couvrira de frimas,
de glace, de neige.

Encore un peu,
un tout petit peu,
et tu dormiras, L'Automne,

tu dormiras.
Tu te gorgeras de silence ouaté.
Tu te pétrifieras
dans la blanche immobilité.
Et plus tard,
tu sentiras venir le dégel.
Tu verras venir Le Printemps,
et là, là...
Encore un temps,
le temps d'un sourire,
d'un soupir,
là, avec la venue de L'Été...
tu sauras,
oui tu sauras
que le prochain venu ce sera toi.

Et tu prépareras ta palette.
Tu broieras du vert.
Tu conjugueras l'or et le feu
à tous les temps
jusqu'à ce qu'il revienne à nouveau,
lui, L'Hiver.

Encore une goutte,
une petite goutte et il sera là.
Tu dois lui céder la place.
Ne résiste pas.
C'est ainsi.
C'est rassurant.
C'est le repère des vivants.

Encore un filet,
une larme, un tantinet.
Il s'approche, L'Hiver,
il y est presque.
Allez, serrez-vous la mitaine.

Encore un soupçon,
une miette de temps.
Respire.
Respire, L'Automne.
Cède,
cède la place.
Retire-toi
avec tes sorcières et tes squelettes.

Encore un grain,
une bagatelle.
Le temps s'achève.
Salut, L'Automne,
tu étais flamboyant,
mais plus maintenant.
Tu t'es laissé tomber,
sécher, craquer, craqueler.
Ça y est presque.
Encore un rien de temps.
Un petit rien.
Un brin sur rien.
Salut. Adieu.
Rendez-vous en septembre, le 21.
Tu auras alors repris de la vigueur
et à la place des boules de Noël,
nous retrouverons tes pommes.

Ça y est.
C'est fini.
L'Automne est parti.
Il s'est endormi.
Dors,
dors bien L'Automne.
Fais un tour d'horloge.
Fais un tour de terre.
On se reverra bientôt
dans moins de 300 dodos.

Dors bien, Ginkgo…
On verra bien
au printemps prochain
ce qu'on fera de ta vieille branche.
Dors bien, mon vieux.

Et toi aussi, Petit Ginkgo.
Dors bien près de ton papa.
On se retrouvera au printemps.
Salut, L'Automne ! ♫

Bonjour, L'Hiver !
Je vais faire du feu...

Elle finit d'emmailloter les deux Ginkgo.
Elle recouvre le jardin de blanc, comme au début.
Puis la neige se met à tomber.
Et… la cheminée fume.

***

AUTRES TITRES DE L'AUTEURE

Théâtre

Les Mauvaises Herbes (Dramaturges Editeurs, 2009)
La Couturière (Lanctôt Éditeur, 2004)
Le Bain (Lanctôt Éditeur, 2002)
Le Pingouin (Lanctôt Éditeur, 2002)
La Mère Merle (Lanctôt Éditeur, 2001)
L'Arche de Noémie (Lanctôt Éditeur, 1999)
La Bonne Femme (Leméac Éditeur, 1997)
Pierrette Pan, ministre de l'Enfance et des Produits dérivés (Leméac Éditeur, 1995)
Petit Monstre (Leméac Éditeur, 1993)
Au bout de mon crayon (Leméac Éditeur, 1990)
Des livres et Zoé: Chou Bidou Woua (Leméac Éditeur, 1988)
Sortie de secours (en collaboration) Théâtre Petit à Petit, VLB, 1987)
Bouches Décousues (Leméac Éditeur, 1985)

Albums

La petite Irène au nez rouge (La courte échelle 2009)
La petite Irène de trèfle (La courte échelle 2009)
Elvis aime danser (La courte échelle, 2001)
Elvis se déguise (La courte échelle, 2001)
Elvis présente sa famille (La courte échelle, 2000)
Elvis fait des acrobaties (La courte échelle, 2000)
Grattelle au bois mordant (La courte échelle, 1998)
L'Ourson qui voulait une Juliette (La courte échelle, 1997)
Le Petit Capuchon rouge (Éditions du Raton laveur, 1992)
Cannelle et l'horloge (Radio Québec/Education Québec 1991)
Pruneau en plongée sous-marine (Radio Québec/Éducation Québec, 1990)
Le Petit Matin de Cannelle (Radio Québec/Éducation Québec, 1989)
L'Horloge s'est arrêtée (Éditions Pierre Tisseyre, 1990)
Au bain capitaine! (Éditions du Raton laveur, 1989)
Le mot de passe (Éditions Pierre Tisseyre, 1988)

Romans

L'enfant de la cheminée (La courte échelle 2006)
Le grand Nazaire (La courte échelle, 1999)
Tu n'es plus seul, Nazaire! (La courte échelle, 1997)
Les Deux Nazaire (La courte échelle, 1996)
Nazaire et les mousquetaires (La courte échelle, 1995)
Fais un vœu, Nazaire! (La courte échelle, 1994)
La Tête de Line Hotte (Les Éditions Québec Amérique, 1989

AUSSI CHEZ DRAMATURGES ÉDITEURS

24 Poses, de Serge Boucher
38 (A, E, I, U, O), collectif de 38 auteurs en cinq tomes
À présent, de Catherine-Anne Toupin
Antarktikos, de David Young
Avaler la mer et les poissons, de Sylvie Drapeau et Isabelle Vincent
Avec Norm, de Serge Boucher
Autodafé, de Olivier Choinière
Barbe-Bleue, de Isabelle Cauchy
Beauté intérieure, de Olivier Choinière
Blue Bayou, la Maison de l'étalon, de Reynald Robinson
Caravansérail, de Robert Claing
Cette fille-là, de Joan MacLeod
Cheech, de François Létourneau
Chroniques du dépanneur, de Martin Boisclair
Circus minimus, de Christian Bégin
Code 99, de François Archambault
Coin Saint-Laurent, collectif d'auteurs
Coma unplugged, de Pierre-Michel Tremblay
Couteau, de Isabelle Hubert
Cyberjack, de Michel Monty
Délit de fuite, de Claude Champagne
Dits et Inédits, en 4 tomes, de Yvan Bienvenue
Écritures pour le théâtre, en 3 tomes, de Jean-Pierre Ronfard
extasy_land.com, de Jean-Frédéric Messier
Félicité, de Olivier Choinière
Floes et *D'Alaska*, de Sébastien Harrisson
Game, de Yves Bélanger
Glouglou, de Louis-Dominique Lavigne
Gros et Détail, de Anne-Marie Olivier
Hypatie ou La mémoire des hommes, de Pan Bouyoucas
Jusqu'au Colorado, de Jérôme Labbé
Jocelyne est en dépression, de Olivier Choinière
King Dave, d'Alexandre Goyette
L'homme des tavernes, de Louis Champagne
L'hôtel des horizons, de Reynald Robinson
L'humoriste, de Claude Champagne
L'Iliade d'Homère, de Alexis Martin
L'Odyssée, de Dominic Champagne et Alexis Martin
Là, de Serge Boucher
La nostalgie du paradis, de François Archambault
La nuit où il s'est mis à chanter, de Claude Champagne
La Raccourcie, de Jean-Rock Gaudreault
La salle des loisirs, de Reynald Robinson
La société des loisirs, de François Archambault
La terre est tellement grande, de Margaret McBrearty
La terre tourne rondement, de Marie-Line Laplante
La traversée, de Jean François Casabonne

La vie continue, de Yvan Bienvenue
Le bain des raines, de Olivier Choinière
Le défilé des canards dorés, de Hélène Mercier
Le fou de Dieu, de Stéphane Brulotte
Le lit de mort, de Yvan Bienvenue
Le long de la Principale, de Steve Laplante
Le mutant, de Raymond Villeneuve
Le périmètre, de Frédéric Blanchette
Le psychomaton, de Anne-Marie Olivier
Le soir de la dernière, de Isabelle Doré
Les apatrides, de Marilyn Perrault
Les bonbons qui sauvent la vie, de Serge Boucher
Les disparus, de Marie-Christine Lê-Huu
Les enfants d'Irène, de Claude Poissant
Les exilés de la lumière, de Lise Vaillancourt
Les flaques, de Marc-Antoine Cyr
Les frères Laforêt, de François Archambault
Les gymnastes de l'émotion, de Louis Champagne et Gabriel Sabourin
Les huits péchés capitaux, collectif d'auteurs
Les mauvaises herbes, de Jasmine Dubé
Les zurbains en série, collectif d'auteurs
Les zurbains, collectif d'auteurs
Me, myself et moi-même, de Stéphane E. Roy
Mika, l'enfant pleureur, de Pascal Chevarie
Mort de peine, de Yvan Bienvenue
Motel Hélène, de Serge Boucher
Natures mortes, de Serge Boucher
Nocturne, de Pan Bouyoucas
Nuit de chasse, de Micheline Parent
Œdipe à Colone de Sophocle, de Marie Cardinal
Post-scriptum, de Jean-Claude Coulbois et René-Daniel Dubois
Qu'est-ce qui reste de Marie-Stella ?, de Simon Boulerice
Rearview, de Gilles Poulin-Denis
Romance et Karaoké, de Francis Monty
Sacré cœur, de Alexis Martin et Alain Vadeboncœur
Stanislas Walter LeGrand, de Sébastien Harrison
Stampede, de François Létourneau
Tavernes, de Alexis Martin
Texas, de François Létourneau
Tsuru, de Anne-Marie Théroux
Un éléphant dans le cœur, de Jean-Frédéric Messier
Un temps de chien / Piégés, de Alex Johnston / Pol Mag Uidhir
Une histoire pour Édouard, de Lise Vaillancourt
Une maison face au nord, de Jean-Rock Gaudreault
Une tache sur la lune, de Marie-Line Laplante
Unity, mil neuf cent dix-huit, de Kevin Kerr
Venise-en-Québec, de Olivier Choinière

Recyclé
Contribue à l'utilisation responsable des ressources forestières
FSC
www.fsc.org Cert no. SGS-COC-003153
© 1996 Forest Stewardship Council

MARQUIS
Marquis imprimeur inc.
Québec, Canada
2010

Imprimé sur du papier Silva Enviro 100% postconsommation traité sans chlore, accrédité Éco-Logo et fait à partir de biogaz.

100%
PERMANENT
BIO GAZ ÉNERGIE